RICETTE DELLA DIETA MEDITERRANEA 2021

TANTE RICETTE GUSTOSE E CONVENIENTI PER OTTENERE LA FORMA DESIDERATA

VALENTINA CERATA

Sommario

Polpettone a cottura lenta 7

Hoagies di manzo a cottura lenta 9

Arrosto Di Maiale 11

Pizza Di Manzo 13

Polpette di manzo 16

Gustoso manzo e broccoli 18

Peperoncino Di Mais Di Manzo 19

Piatto Balsamico Di Manzo 20

Arrosto di manzo con salsa di soia 22

Arrosto Di Mandrino di Manzo al Rosmarino 24

Costolette di maiale e salsa di pomodoro 26

Pollo con salsa di capperi 28

Hamburger di tacchino con salsa al mango 30

Petto di Tacchino Arrosto alle Erbe 32

Salsiccia di pollo e peperoni 34

Piccata Di Pollo 36

Pollo Toscano in Padella 38

Pollo Kapama 40

Petti di pollo ripieni di spinaci e feta 42

Cosce di Pollo al Forno al Rosmarino 44

Pollo con cipolle, patate, fichi e carote 44

Giroscopi di pollo con Tzatziki 46

Moussaka 48

Filetto di maiale di Digione alle erbe 51

Bistecca con Salsa di Funghi e Vino Rosso 53

Polpette greche 56

Agnello con Fagiolini 58

Pollo in salsa di pomodoro e salsa balsamica 60

Insalata di riso integrale, feta, piselli freschi e menta 62

Bistecche di cavolfiore con salsa di agrumi e olive 64

Pasta Al Pesto Di Pistacchio E Menta 66

Burst Cherry Tomato Sauce with Angel Hair Pasta 68

Tofu al Forno con Pomodori Secchi e Carciofi 70

Tempeh mediterraneo al forno con pomodori e aglio 72

Funghi Portobello Arrostiti con Cavolo Nero e Cipolla Rossa 75

Zucchine ripiene di ricotta, basilico e pistacchio 79

Farro con Pomodori Arrostiti e Funghi 81

Orzo al forno con melanzane, bietole e mozzarella 84

Risotto d'orzo con pomodori 86

Ceci e Cavolo riccio con salsa piccante al pomodoro 88

Feta arrosto con cavolo nero e yogurt al limone 90

Melanzane Arrosto e Ceci Con Salsa di Pomodoro 92

Cursori di falafel al forno 94

Portobello Caprese 96

Pomodori Ripieni Di Funghi E Formaggio 98

Tabulé 100

Broccoli Piccanti Rabe E Cuori Di Carciofo 102

Shakshuka 104

Spanakopita 106

Ratatouille 108

Gemista 110

Involtini Di Cavolo Ripieni...112

Polpettone a cottura lenta

Tempo di preparazione: 10 minuti

Tempo di cottura : 6 ore e 10 minuti

Porzioni: 8

Livello di difficoltà: medio

Ingredienti:

- 2 libbre bisonte macinato
- 1 zucchina grattugiata
- 2 uova grandi
- Olio d'oliva spray da cucina quanto basta
- 1 zucchina, sminuzzata
- ½ tazza di prezzemolo, fresco, tritato finemente
- ½ tazza di parmigiano, sminuzzato
- 3 cucchiai di aceto balsamico
- 4 spicchi d'aglio, grattugiati
- 2 cucchiai di cipolla tritata
- 1 cucchiaio di origano essiccato
- ½ cucchiaino di pepe nero macinato
- ½ cucchiaino di sale kosher
- Per la farcitura:
- ¼ di tazza di mozzarella grattugiata
- ¼ di tazza di ketchup senza zucchero
- ¼ di tazza di prezzemolo tritato fresco

Indicazioni:

Foderare a strisce l'interno di una pentola a cottura lenta da sei quarti con un foglio di alluminio. Spruzzaci sopra dell'olio da cucina antiaderente.

In una ciotola grande unire il bisonte macinato o il controfiletto macinato extra magro, le zucchine, le uova, il prezzemolo, l'aceto balsamico, l'aglio, l'origano essiccato, il sale marino o kosher, la cipolla secca tritata e il pepe nero macinato.

Metti questa miscela nella pentola a cottura lenta e forma una pagnotta oblunga. Coprite la pentola, mettete a fuoco basso e lasciate cuocere per 6 ore. Dopo la cottura, apri il fornello e distribuisci il ketchup su tutto il polpettone.

Ora, posiziona il formaggio sopra il ketchup come un nuovo strato e chiudi la pentola a cottura lenta. Lascia riposare il polpettone su questi due strati per circa 10 minuti o finché il formaggio non inizia a sciogliersi. Guarnire con prezzemolo fresco e mozzarella grattugiata.

Nutrizione (per 100 g): 320 calorie 2 g di grassi 4 g di carboidrati 26 g di proteine 681 mg di sodio

Hoagies di manzo a cottura lenta

Tempo di preparazione: 10 minuti

Tempo di cottura: 13 ore

Porzioni: 6

Livello di difficoltà: medio

Ingredienti:

- 3 libbre di manzo arrosto senza grasso
- ½ cucchiaino di Cipolla in polvere
- ½ cucchiaino di pepe nero
- 3 tazze di brodo di manzo a basso contenuto di sodio
- 4 cucchiaini di mix di condimento per insalata
- 1 foglia di alloro
- 1 cucchiaio di aglio, tritato
- 2 peperoni rossi tagliati a listarelle sottili
- 16 once di peperoncino
- 8 fette di Provolone Sargento, sottili
- 2 once di pane senza glutine
- ½ cucchiaino di sale
- <u>Per condire:</u>
- 1 ½ cucchiaio di cipolla in polvere
- 1 cucchiaio e mezzo di aglio in polvere
- 2 cucchiai di prezzemolo essiccato
- 1 cucchiaio di stevia
- ½ cucchiaino di timo essiccato

- 1 cucchiaio di origano essiccato
- 2 cucchiai di pepe nero
- 1 cucchiaio di sale
- 6 fette di formaggio

Indicazioni:

Asciugare l'arrosto con un tovagliolo di carta. Unisci pepe nero, cipolla in polvere e sale in una piccola ciotola e strofina il composto sull'arrosto. Metti l'arrosto condito in una pentola a cottura lenta.

Aggiungi brodo, condimento per insalata, alloro e aglio nella pentola a cottura lenta. Uniscilo delicatamente. Chiudere e impostare una cottura bassa per 12 ore. Dopo la cottura, rimuovere la foglia di alloro.

Estrarre la carne di manzo cotta e sminuzzare la carne di manzo. Rimettere a posto la carne sminuzzata e aggiungere i peperoni e. Aggiungere i peperoni e il peperoncino nella pentola a cottura lenta. Copri il fornello e cuoci a fuoco basso per 1 ora. Prima di servire, ricopri ogni pane con 3 once della miscela di carne. Completalo con una fetta di formaggio. Il sugo liquido può essere usato come salsa.

Nutrizione (per 100 g): 442 calorie 11,5 g di grassi 37 g di carboidrati 49 g di proteine 735 mg di sodio

Arrosto Di Maiale

Tempo di preparazione: 10 minuti

Tempo di cottura : 8 ore e 10 minuti

Porzioni: 6

Livello di difficoltà: medio

Ingredienti:

- 2 cucchiai di olio d'oliva
- 2 libbre di maiale arrosto
- ½ cucchiaino di paprika
- ¾ tazza di brodo di pollo
- 2 cucchiaini di salvia essiccata
- ½ cucchiaio di aglio tritato
- ¼ di cucchiaino Maggiorana essiccata
- ¼ di cucchiaino di rosmarino essiccato
- 1 cucchiaino di origano
- ¼ di cucchiaino di timo essiccato
- 1 cucchiaino di basilico
- ¼ di cucchiaino di sale kosher

Indicazioni:

In una piccola ciotola mescolate brodo, olio, sale e spezie. In una padella versare l'olio d'oliva e portare a fuoco medio-alto. Mettici

dentro la carne di maiale e cuocila finché tutti i lati non diventano
dorati.

Togliere la carne di maiale dopo la cottura e colpire l'arrosto con
un coltello. Metti l'arrosto di maiale in una pentola di coccio da 6
quarti. Ora, versa il liquido della miscela della piccola ciotola su
tutto l'arrosto.

Sigilla la pentola e cuoci a fuoco basso per 8 ore. Dopo la cottura,
rimuoverlo dalla pentola di coccio su un tagliere e sminuzzarlo a
pezzi. Successivamente, aggiungi il maiale sminuzzato nella
pentola. Cuoci a fuoco lento per altri 10 minuti. Servire insieme a
formaggio feta, pane pita e pomodori.

Nutrizione (per 100 g): 361 calorie 10,4 g di grassi 0,7 g di
carboidrati 43,8 g di proteine 980 mg di sodio

Pizza Di Manzo

Tempo di preparazione: 20 minuti

Tempo di cottura : 50 minuti

Porzioni: 10

Livello di difficoltà: difficile

Ingredienti:

- Per la crosta:
- 3 tazze di farina per tutti gli usi
- 1 cucchiaio di zucchero
- 2¼ cucchiaini di lievito secco attivo
- 1 cucchiaino di sale
- 2 cucchiai di olio d'oliva
- 1 tazza di acqua tiepida
- Per guarnire:
- 1 libbra di carne macinata
- 1 cipolla media, tritata
- 2 cucchiai di concentrato di pomodoro
- 1 cucchiaio di cumino macinato
- Sale e pepe nero macinato, quanto basta
- ¼ di tazza d'acqua
- 1 tazza di spinaci freschi, tritati
- 8 once di cuori di carciofi, tagliati in quarti
- 4 once di funghi freschi, affettati

- 2 pomodori, tritati
- 4 once di formaggio feta, sbriciolato

Indicazioni:

Per la crosta:

Mescolare la farina, lo zucchero, il lievito e il sale con una planetaria, utilizzando il gancio per impastare. Aggiungere 2 cucchiai di olio e acqua tiepida e impastare fino a formare un impasto liscio ed elastico.

Fare una palla di pasta e mettere da parte per circa 15 minuti.

Posizionare l'impasto su una superficie leggermente infarinata e arrotolarlo formando un cerchio. Sistemare l'impasto in una teglia rotonda leggermente unta e premere delicatamente per adattarla. Mettere da parte per circa 10-15 minuti. Cospargere la crosta con un po 'd'olio. Preriscalda il forno a 400 gradi F.

Per guarnire:

Friggere la carne di manzo in una padella antiaderente a fuoco medio-alto per circa 4-5 minuti. Aggiungere la cipolla e cuocere per circa 5 minuti, mescolando spesso. Aggiungere il concentrato di pomodoro, il cumino, il sale, il pepe nero e l'acqua e mescolare per amalgamare.

Imposta la fiamma a una temperatura media e cuoci per circa 5-10 minuti. Togliete dal fuoco e mettete da parte. Mettere il composto di manzo sulla crosta della pizza e guarnire con gli spinaci, quindi i carciofi, i funghi, i pomodori e la feta.

Cuocere fino a quando il formaggio si sarà sciolto. Sfornare e mettere da parte per circa 3-5 minuti prima di affettare. Tagliare a fette della dimensione desiderata e servire.

Nutrizione (per 100 g): 309 calorie 8,7 g di grassi 3,7 g di carboidrati 3,3 g di proteine 732 mg di sodio

Polpette di manzo

Tempo di preparazione: 20 minuti

Tempo di cottura : 28 minuti

Porzioni: 6

Livello di difficoltà: medio

Ingredienti:

- ¾ tazza di bulgur crudo
- 1 libbra di carne macinata
- ¼ tazza di scalogno, tritato
- ¼ di tazza di prezzemolo fresco, tritato
- ½ cucchiaino di pimento macinato
- ½ cucchiaino di cumino macinato
- ½ cucchiaino di cannella in polvere
- ¼ di cucchiaino di peperoncino a scaglie, schiacciato
- Sale, quanto basta
- 1 cucchiaio di olio d'oliva

Indicazioni:

In una grande ciotola di acqua fredda, immergere il bulgur per circa 30 minuti. Scolate bene il bulgur e poi strizzatelo con le mani per eliminare l'acqua in eccesso. In un robot da cucina, aggiungi il bulgur, la carne di manzo, lo scalogno, il prezzemolo, le spezie, il sale e il polso fino a formare un composto omogeneo.

Sistemate il composto in una ciotola e mettete in frigorifero, coperto per circa 30 minuti. Togliere dal frigorifero e formare polpette di uguali dimensioni dal composto di manzo. In una grande padella antiaderente, scaldare l'olio a fuoco medio-alto e cuocere le polpette in 2 tempi per circa 13-14 minuti, girando frequentemente. Servire caldo.

Nutrizione (per 100 g): 228 calorie 7,4 g di grassi 0,1 g di carboidrati 3,5 g di proteine 766 mg di sodio

Gustoso manzo e broccoli

Tempo di preparazione: 10 minuti

Tempo di cottura : 15 minuti

Porzioni: 4

Livello di difficoltà: facile

Ingredienti:

- 1 e ½ libbre. bistecca ai fianchi
- 1 cucchiaio. olio d'oliva
- 1 cucchiaio. salsa tamari
- 1 tazza di brodo di manzo
- Broccoli da 1 libbra, cimette separate

Indicazioni:

Unire le strisce di bistecca con olio e tamari, mescolare e mettere da parte per 10 minuti. Seleziona la tua pentola istantanea in modalità sauté, posiziona le strisce di manzo e rosolale per 4 minuti su ciascun lato. Mescolare il brodo, coprire di nuovo la pentola e cuocere a fuoco alto per 8 minuti. Mescolare i broccoli, coprire e cuocere a fuoco alto per altri 4 minuti. Porzionare tutto tra i piatti e servire. Godere!

Nutrizione (per 100 g): 312 calorie 5 g di grassi 20 g di carboidrati 4 g di proteine 694 mg di sodio

Peperoncino Di Mais Di Manzo

Tempo di preparazione: 8-10 minuti

Tempo di cottura : 30 minuti

Porzioni: 8

Livello di difficoltà: medio

Ingredienti:

- 2 cipolle piccole, tritate (finemente)
- ¼ di tazza di mais in scatola
- 1 cucchiaio di olio
- 10 once di carne macinata magra
- 2 peperoncini piccoli, tagliati a dadini

Indicazioni:

Accendi la pentola istantanea. Fare clic su "SAUTE". Versare l'olio, quindi incorporare le cipolle, il peperoncino e la carne di manzo; cuocere fino a quando diventa traslucido e ammorbidito. Versare 3 tazze d'acqua nella pentola; mescolare bene.

Sigilla il coperchio. Selezionare "CARNE / STEW". Regola il timer a 20 minuti. Lasciar cuocere finché il timer non si azzera.

Fare clic su "ANNULLA" quindi "NPR" per una pressione di rilascio naturale per circa 8-10 minuti. Aprire quindi adagiare la pirofila nei piatti da portata. Servire.

Nutrizione (per 100 g): 94 calorie 5 g di grassi 2 g di carboidrati 7 g di proteine 477 mg di sodio

Piatto Balsamico Di Manzo

Tempo di preparazione: 5 minuti

Tempo di cottura : 55 minuti

Porzioni: 8

Livello di difficoltà: medio

Ingredienti:

- 3 libbre di mandrino arrosto
- 3 spicchi d'aglio, tagliati a fettine sottili
- 1 cucchiaio di olio
- 1 cucchiaino di aceto aromatizzato
- ½ cucchiaino di pepe
- ½ cucchiaino di rosmarino
- 1 cucchiaio di burro
- ½ cucchiaino di timo
- ¼ di tazza di aceto balsamico
- 1 tazza di brodo di manzo

Indicazioni:

Affettare le fessure nell'arrosto e farcire a fettine d'aglio dappertutto. Unire l'aceto aromatizzato, il rosmarino, il pepe, il timo e strofinare il composto sull'arrosto. Selezionare la pentola in modalità sauté e mescolare con l'olio, lasciare riscaldare l'olio. Cuoci entrambi i lati dell'arrosto.

Tiralo fuori e mettilo da parte. Mescolare il burro, il brodo, l'aceto balsamico e sfumare la pentola. Rimettere l'arrosto e chiudere il coperchio, quindi cuocere ad ALTA pressione per 40 minuti.

Eseguire un rilascio rapido. Servire!

Nutrizione (per 100 g): 393 calorie 15 g di grassi 25 g di carboidrati 37 g di proteine 870 mg di sodio

Arrosto di manzo con salsa di soia

Tempo di preparazione: 8 minuti

Tempo di cottura : 35 minuti

Porzioni: 2-3

Livello di difficoltà: medio

Ingredienti:

- ½ cucchiaino di brodo di manzo
- 1 ½ cucchiaino di rosmarino
- ½ cucchiaino di aglio tritato
- 2 libbre di roast beef
- 1/3 di tazza di salsa di soia

Indicazioni:

Unisci la salsa di soia, il brodo, il rosmarino e l'aglio insieme in una terrina.

Accendi il tuo piatto istantaneo. Metti l'arrosto e versa abbastanza acqua per coprire l'arrosto; mescolate delicatamente per amalgamare bene. Sigilla bene.

Fare clic sulla funzione di cottura "CARNE / STUFATO"; impostare il livello di pressione su "ALTO" e impostare il tempo di cottura su 35 minuti. Lasciate che la pressione si accumuli per cuocere gli ingredienti. Al termine, fare clic sull'impostazione "ANNULLA", quindi fare clic sulla funzione di cottura "NPR" per rilasciare la pressione in modo naturale.

Aprire gradualmente il coperchio e sminuzzare la carne.

Incorporare nuovamente la carne sminuzzata nel terriccio e mescolare bene. Trasferire in contenitori da portata. Servire caldo.

Nutrizione (per 100 g): 423 calorie 14 g di grassi 12 g di carboidrati 21 g di proteine 884 mg di sodio

Arrosto Di Mandrino di Manzo al Rosmarino

Tempo di preparazione: 5 minuti

Tempo di cottura : 45 minuti

Porzioni: 5-6

Livello di difficoltà: medio

Ingredienti:

- 3 libbre di arrosto di manzo
- 3 spicchi d'aglio
- ¼ di tazza di aceto balsamico
- 1 rametto di rosmarino fresco
- 1 rametto di timo fresco
- 1 tazza d'acqua
- 1 cucchiaio di olio vegetale
- Sale e pepe a piacere

Indicazioni:

Tritare le fette nell'arrosto di manzo e adagiarvi gli spicchi d'aglio. Strofina l'arrosto con le erbe, il pepe nero e il sale. Preriscalda la pentola istantanea usando l'impostazione sauté e versa l'olio. Una volta riscaldato, unire l'arrosto di manzo e cuocere in padella fino a doratura su tutti i lati. Aggiungere i restanti ingredienti; mescolare delicatamente.

Sigillare bene e cuocere a fuoco alto per 40 minuti utilizzando l'impostazione manuale. Consentire il rilascio della pressione in modo naturale, circa 10 minuti. Scoprire e mettere l'arrosto di manzo nei piatti da portata, affettare e servire.

Nutrizione (per 100 g): 542 calorie 11,2 g di grassi 8,7 g di carboidrati 55,2 g di proteine 710 mg di sodio

Costolette di maiale e salsa di pomodoro

Tempo di preparazione: 10 minuti

Tempo di cottura : 20 minuti

Porzioni: 4

Livello di difficoltà: facile

Ingredienti:

- 4 costolette di maiale, disossate
- 1 cucchiaio di salsa di soia
- ¼ di cucchiaino di olio di sesamo
- 1 tazza e ½ di concentrato di pomodoro
- 1 cipolla gialla
- 8 funghi, affettati

Indicazioni:

In una ciotola, mescolare le costolette di maiale con la salsa di soia e l'olio di sesamo, mescolare e lasciare da parte per 10 minuti.

Imposta la tua pentola istantanea in modalità sauté, aggiungi le costolette di maiale e rosolale per 5 minuti su ciascun lato.

Mescolare la cipolla e cuocere per altri 1-2 minuti. Aggiungere il concentrato di pomodoro ei funghi, mescolare, coprire e cuocere a fuoco alto per 8-9 minuti. Dividete tutto tra i piatti e servite. Godere!

Nutrizione (per 100 g): 300 calorie 7 g di grassi 18 g di carboidrati 4 g di proteine 801 mg di sodio

Pollo con salsa di capperi

Tempo di preparazione: 10 minuti

Tempo di cottura : 18 minuti

Porzioni: 5

Livello di difficoltà: difficile

Ingredienti:

- Per il pollo:
- 2 uova
- Sale e pepe nero macinato, quanto basta
- 1 tazza di pangrattato secco
- 2 cucchiai di olio d'oliva
- 1 ½ libbra di petto di pollo disossato e senza pelle a metà, pestato nello spessore di ¾ pollici e tagliato a pezzi
- Per la salsa ai capperi:
- 3 cucchiai di capperi
- ½ bicchiere di vino bianco secco
- 3 cucchiai di succo di limone fresco
- Sale e pepe nero macinato, quanto basta
- 2 cucchiai di prezzemolo fresco tritato

Indicazioni:

Per il pollo: in una pirofila poco profonda, aggiungere le uova, il sale e il pepe nero e sbattere fino a ottenere un composto omogeneo. In un altro piatto poco profondo, posizionare il pangrattato. Immergere i pezzi di pollo nella miscela di uova e ricoprirli uniformemente con il pangrattato. Scuotere via il pangrattato in eccesso.

Cuocere l'olio a fuoco medio e cuocere i pezzi di pollo per circa 5-7 minuti per lato o fino alla cottura desiderata. Con una schiumarola, adagiare i pezzi di pollo su un piatto rivestito di carta assorbente. Con un pezzo di carta stagnola, coprire i pezzi di pollo per tenerli al caldo.

Nella stessa padella incorporare tutti gli ingredienti della salsa tranne il prezzemolo e cuocere per circa 2-3 minuti, mescolando continuamente. Mescolare il prezzemolo e togliere dal fuoco. Servire i pezzi di pollo con la salsa di capperi.

Nutrizione (per 100 g): 352 calorie 13,5 g di grassi 1,9 g di carboidrati 1,2 g di proteine 741 mg di sodio

Hamburger di tacchino con salsa al mango

Tempo di preparazione: 15 minuti

Tempo di cottura : 10 minuti

Porzioni: 6

Livello di difficoltà: facile

Ingredienti:

- 1 ½ libbra di petto di tacchino macinato
- 1 cucchiaino di sale marino, diviso
- ¼ di cucchiaino di pepe nero appena macinato
- 2 cucchiai di olio extravergine d'oliva
- 2 mango, pelati, snocciolati e tagliati a cubetti
- ½ cipolla rossa, tritata finemente
- Succo di 1 lime
- 1 spicchio d'aglio, tritato
- ½ peperoncino jalapeño, privato dei semi e tritato finemente
- 2 cucchiai di foglie di coriandolo fresco tritate

Indicazioni:

Formare il petto di tacchino in 4 polpette e condire con ½ cucchiaino di sale marino e pepe. Cuocere l'olio d'oliva in una padella antiaderente finché non brilla. Aggiungere le polpette di tacchino e cuocere per circa 5 minuti per lato fino a doratura. Mentre le polpette cuociono, mescola il mango, la cipolla rossa, il succo di lime, l'aglio, il jalapeño, il coriandolo e il restante ½ cucchiaino di sale marino in una piccola ciotola. Versare la salsa sulle polpette di tacchino e servire.

Nutrizione (per 100 g): 384 calorie 3 g di grassi 27 g di carboidrati 34 g di proteine 692 mg di sodio

Petto di Tacchino Arrosto alle Erbe

Tempo di preparazione: 15 minuti

Tempo di cottura : 1 ora e mezza (più 20 minuti per riposare)

Porzioni: 6

Livello di difficoltà: medio

Ingredienti:

- 2 cucchiai di olio extravergine d'oliva
- 4 spicchi d'aglio, tritati
- Scorza di 1 limone
- 1 cucchiaio di foglie di timo fresco tritate
- 1 cucchiaio di foglie di rosmarino fresche tritate
- 2 cucchiai di foglie di prezzemolo fresco italiano tritate
- 1 cucchiaino di senape macinata
- 1 cucchiaino di sale marino
- ¼ di cucchiaino di pepe nero appena macinato
- 1 (6 libbre) di petto di tacchino con osso e con la pelle
- 1 tazza di vino bianco secco

Indicazioni:

Preriscalda il forno a 325 ° F. Unisci l'olio d'oliva, l'aglio, la scorza di limone, il timo, il rosmarino, il prezzemolo, la senape, il sale marino e il pepe. Spennellare uniformemente la miscela di erbe sulla superficie del petto di tacchino, sciogliere la pelle e strofinare anche sotto. Sistemare il petto di tacchino in una teglia su una griglia, con la pelle rivolta verso l'alto.

Versate il vino nella padella. Cuocere da 1 a 1 ora e mezza fino a quando il tacchino raggiunge una temperatura interna di 165 gradi F. Estrarre dal forno e impostare separatamente per 20 minuti, avvolto con un foglio di alluminio per mantenerlo caldo, prima di tagliare.

Nutrizione (per 100 g): 392 calorie 1 g di grassi 2 g di carboidrati 84 g di proteine 741 mg di sodio

Salsiccia di pollo e peperoni

Tempo di preparazione: 10 minuti

Tempo di cottura : 20 minuti

Porzioni: 6

Livello di difficoltà: medio

Ingredienti:

- 2 cucchiai di olio extravergine d'oliva
- 6 salsicce di pollo italiane
- 1 cipolla
- 1 peperone rosso
- 1 peperone verde
- 3 spicchi d'aglio, tritati
- ½ bicchiere di vino bianco secco
- ½ cucchiaino di sale marino
- ¼ di cucchiaino di pepe nero appena macinato
- Pizzica i fiocchi di peperone rosso

Indicazioni:

Cuocere l'olio d'oliva in una padella larga fino a quando non brilla. Aggiungere le salsicce e cuocere per 5-7 minuti, girandole di tanto in tanto, fino a quando diventano dorate e raggiungono una temperatura interna di 50 ° C. Con le pinze, togliete la salsiccia dalla padella e mettetela da parte su un piatto da portata, tendendo con un foglio di alluminio per tenerla al caldo.

Rimetti la padella sul fuoco e aggiungi la cipolla, il peperone rosso e il peperone verde. Cuocere e mescolare di tanto in tanto, fino a quando le verdure iniziano a dorare. Aggiungere l'aglio e cuocere per 30 secondi, mescolando continuamente.

Incorporare il vino, il sale marino, il pepe e i fiocchi di peperoncino. Estrarre e piegare i pezzetti dorati dal fondo della padella. Cuocere a fuoco lento per altri 4 minuti circa, mescolando, fino a quando il liquido si riduce della metà. Distribuire i peperoni sulle salsicce e servire.

Nutrizione (per 100 g): 173 calorie 1 g di grassi 6 g di carboidrati 22 g di proteine 582 mg di sodio

Piccata Di Pollo

Tempo di preparazione: 10 minuti

Tempo di cottura : 15 minuti

Porzioni: 6

Livello di difficoltà: medio

Ingredienti:

- ½ tazza di farina integrale
- ½ cucchiaino di sale marino
- 1/8 cucchiaino di pepe nero appena macinato
- 1 ½ libbra di petto di pollo, tagliato in 6 pezzi
- 3 cucchiai di olio extravergine d'oliva
- 1 tazza di brodo di pollo non salato
- ½ bicchiere di vino bianco secco
- Succo di 1 limone
- Scorza di 1 limone
- ¼ di tazza di capperi, scolati e sciacquati
- ¼ di tazza di prezzemolo fresco tritato

Indicazioni:

In un piatto fondo, sbatti la farina, il sale marino e il pepe. Passa il pollo nella farina e elimina l'eccesso. Cuocere l'olio d'oliva finché non brilla.

Mettere il pollo e cuocere per circa 4 minuti per lato fino a doratura. Tirare fuori il pollo dalla padella e metterlo da parte, coperto con un foglio di alluminio per tenerlo al caldo.

Rimetti la padella sul fuoco e aggiungi il brodo, il vino, il succo di limone, la scorza di limone ei capperi. Usa il lato di un cucchiaio e piega i pezzetti dorati dal fondo della padella. Cuocere a fuoco lento fino a quando il liquido si addensa. Togli la padella dal fuoco e rimetti il pollo nella padella. Gira per rivestire. Aggiungere il prezzemolo e servire.

Nutrizione (per 100 g): 153 calorie 2 g di grassi 9 g di carboidrati 8 g di proteine 692 mg di sodio

Pollo Toscano in Padella

Tempo di preparazione: 10 minuti

Tempo di cottura : 25 minuti

Porzioni: 6

Livello di difficoltà: difficile

Ingredienti:

- ¼ di tazza di olio extravergine di oliva, diviso
- Petti di pollo disossati e senza pelle da 1 libbra, tagliati a pezzi da pollici
- 1 cipolla, tritata
- 1 peperone rosso, tritato
- 3 spicchi d'aglio, tritati
- ½ bicchiere di vino bianco secco
- 1 (14 once) può pomodori schiacciati, non scolati
- 1 (14 once) può pomodori tritati, scolati
- 1 (14 once) può fagioli bianchi, scolati
- 1 cucchiaio di condimento italiano essiccato
- ½ cucchiaino di sale marino
- 1/8 cucchiaino di pepe nero appena macinato
- 1/8 di cucchiaino di fiocchi di peperone rosso
- ¼ di tazza di foglie di basilico fresco tritate

Indicazioni:

Cuocere 2 cucchiai di olio d'oliva finché non brilla. Mescolare il pollo e cuocere fino a doratura. Togli il pollo dalla padella e mettilo da parte su un piatto da portata, ricoperto di carta stagnola per tenerlo al caldo.

Rimetti la padella sul fuoco e riscalda l'olio d'oliva rimasto. Aggiungere la cipolla e il peperone rosso. Cuocere e mescolare raramente, fino a quando le verdure non saranno morbide. Mettere l'aglio e cuocere per 30 secondi, mescolando continuamente.

Mescolare il vino e utilizzare il lato del cucchiaio per rimuovere eventuali pezzetti dorati dal fondo della padella. Cuocere per 1 minuto, mescolando.

Mescolare i pomodori schiacciati e tritati, i fagioli bianchi, il condimento italiano, il sale marino, il pepe e i fiocchi di peperoncino. Lasciar cuocere a fuoco lento. Cuocere per 5 minuti, mescolando di tanto in tanto.

Rimetti il pollo e il sugo raccolto nella padella. Cuocere fino a quando il pollo è cotto. Togliere dal fuoco e incorporare il basilico prima di servire.

Nutrizione (per 100 g): 271 calorie 8 g di grassi 29 g di carboidrati 14 g di proteine 596 mg di sodio

Pollo Kapama

Tempo di preparazione: 10 minuti

Tempo di cottura: 2 ore

Porzioni: 4

Livello di difficoltà: medio

Ingredienti:

- 1 (32 once) può pomodori tritati, scolati
- ¼ di tazza di vino bianco secco
- 2 cucchiai di concentrato di pomodoro
- 3 cucchiai di olio extravergine d'oliva
- ¼ di cucchiaino di fiocchi di peperone rosso
- 1 cucchiaino di pimento macinato
- ½ cucchiaino di origano essiccato
- 2 chiodi di garofano interi
- 1 stecca di cannella
- ½ cucchiaino di sale marino
- 1/8 cucchiaino di pepe nero appena macinato
- 4 metà di petto di pollo disossate e senza pelle

Indicazioni:

Mescolare i pomodori, il vino, il concentrato di pomodoro, l'olio d'oliva, i fiocchi di peperoncino, il pimento, l'origano, i chiodi di garofano, la stecca di cannella, il sale marino e il pepe in una pentola capiente. Portare a ebollizione, mescolando di tanto in tanto. Lasciar cuocere a fuoco lento per 30 minuti, mescolando di tanto in tanto. Rimuovere e scartare i chiodi di garofano interi e la stecca di cannella dalla salsa e lasciare raffreddare la salsa.

Preriscalda il forno a 350 ° F. Metti il pollo in una pirofila da 9x13 pollici. Versare la salsa sul pollo e coprire la padella con un foglio di alluminio. Continua a cuocere fino a raggiungere la temperatura interna di 165 ° F.

Nutrizione (per 100 g): 220 calorie 3 g di grassi 11 g di carboidrati 8 g di proteine 923 mg di sodio

Petti di pollo ripieni di spinaci e feta

Tempo di preparazione: 10 minuti

Tempo di cottura : 45 minuti

Porzioni: 4

Livello di difficoltà: medio

Ingredienti:

- 2 cucchiai di olio extravergine d'oliva
- Spinaci baby freschi da 1 libbra
- 3 spicchi d'aglio, tritati
- Scorza di 1 limone
- ½ cucchiaino di sale marino
- 1/8 cucchiaino di pepe nero appena macinato
- ½ tazza di formaggio feta sbriciolato
- 4 petti di pollo disossati e senza pelle

Indicazioni:

Preriscalda il forno a 350 ° F. Cuocere l'olio d'oliva a fuoco medio fino a quando non brilla. Aggiungi gli spinaci. Continuate la cottura e mescolate, finché non appassisce.

Incorporare l'aglio, la scorza di limone, il sale marino e il pepe. Cuocere per 30 secondi, mescolando continuamente. Lasciar raffreddare leggermente e incorporare il formaggio.

Distribuire il composto di spinaci e formaggio in uno strato uniforme sui pezzi di pollo e arrotolare il petto attorno al ripieno.

Tenere chiuso con stuzzicadenti o spago da macellaio. Metti il petto in una pirofila da 9x13 pollici e inforna per 30-40 minuti, o fino a quando il pollo non avrà una temperatura interna di 165 ° F. Sfornare e mettere da parte per 5 minuti prima di affettare e servire.

Nutrizione (per 100 g): 263 calorie 3 g di grassi 7 g di carboidrati 17 g di proteine 639 mg di sodio

Cosce di Pollo al Forno al Rosmarino

Tempo di preparazione: 5 minuti

Tempo di cottura: 1 ora

Porzioni: 6

Livello di difficoltà: facile

Ingredienti:

- 2 cucchiai di foglie di rosmarino fresche tritate
- 1 cucchiaino di aglio in polvere
- ½ cucchiaino di sale marino
- 1/8 cucchiaino di pepe nero appena macinato
- Scorza di 1 limone
- 12 cosce di pollo

Indicazioni:

Preriscalda il forno a 350 ° F. Mescolare il rosmarino, l'aglio in polvere, il sale marino, il pepe e la scorza di limone.

Posizionare le bacchette in una teglia da forno da 9x13 pollici e cospargere con la miscela di rosmarino. Cuocere fino a quando il pollo raggiunge una temperatura interna di 50 ° C.

Nutrizione (per 100 g): 163 calorie 1 g di grassi 2 g di carboidrati 26 g di proteine 633 mg di sodio

Pollo con cipolle, patate, fichi e carote

Tempo di preparazione: 5 minuti

Tempo di cottura : 45 minuti

Porzioni: 4

Livello di difficoltà: medio

Ingredienti:

- 2 tazze di patate fingerling, tagliate a metà
- 4 fichi freschi, tagliati in quarti
- 2 carote, tagliate alla julienne
- 2 cucchiai di olio extravergine d'oliva
- 1 cucchiaino di sale marino, diviso
- ¼ di cucchiaino di pepe nero appena macinato
- 4 quarti di coscia di pollo
- 2 cucchiai di foglie di prezzemolo fresco tritate

Indicazioni:

Preriscalda il forno a 425 ° F. In una piccola ciotola, condisci le patate, i fichi e le carote con l'olio d'oliva, ½ cucchiaino di sale marino e il pepe. Distribuire in una pirofila da 9x13 pollici.

Condire il pollo con il resto del sale marino. Mettilo sopra le verdure. Cuocere fino a quando le verdure sono morbide e il pollo raggiunge una temperatura interna di 50 ° C. Cospargere con il prezzemolo e servire.

Nutrizione (per 100 g): 429 calorie 4 g di grassi 27 g di carboidrati 52 g di proteine 581 mg di sodio

Giroscopi di pollo con Tzatziki

Tempo di preparazione: 15 minuti

Tempo di cottura : 1 ora e 20 minuti

Porzioni: 6

Livello di difficoltà: medio

Ingredienti:

- Petto di pollo macinato da 1 libbra
- 1 cipolla grattugiata con l'acqua in eccesso strizzata
- 2 cucchiai di rosmarino essiccato
- 1 cucchiaio di maggiorana essiccata
- 6 spicchi d'aglio, tritati
- ½ cucchiaino di sale marino
- ¼ di cucchiaino di pepe nero appena macinato
- Salsa greca Tzatziki

Indicazioni:

Preriscalda il forno a 350 ° F. Mescolare il pollo, la cipolla, il rosmarino, la maggiorana, l'aglio, il sale marino e il pepe utilizzando un robot da cucina. Frullare fino a formare una pasta. In alternativa, mescola questi ingredienti in una ciotola finché non sono ben combinati (vedi suggerimento per la preparazione).

Pressate il composto in una teglia. Infornare fino a raggiungere la temperatura interna di 165 gradi. Sfornate e lasciate riposare per 20 minuti prima di affettare.

Affetta il giroscopio e versa sopra la salsa tzatziki.

Nutrizione (per 100 g): 289 calorie 1 g di grassi 20 g di carboidrati 50 g di proteine 622 mg di sodio

Moussaka

Tempo di preparazione: 10 minuti

Tempo di cottura : 45 minuti

Porzioni: 8

Livello di difficoltà: difficile

Ingredienti:

- 5 cucchiai di olio extravergine di oliva, diviso
- 1 melanzana, a fette (con la buccia)
- 1 cipolla, tritata
- 1 peperone verde, privato dei semi e tritato
- 1 libbra di tacchino macinato
- 3 spicchi d'aglio, tritati
- 2 cucchiai di concentrato di pomodoro
- 1 (14 once) può pomodori tritati, scolati
- 1 cucchiaio di condimento italiano
- 2 cucchiaini di salsa Worcestershire
- 1 cucchiaino di origano essiccato
- ½ cucchiaino di cannella in polvere
- 1 tazza di yogurt greco senza grassi non zuccherato
- 1 uovo, sbattuto
- ¼ di cucchiaino di pepe nero appena macinato
- ¼ di cucchiaino di noce moscata macinata
- ¼ di tazza di parmigiano grattugiato
- 2 cucchiai di foglie di prezzemolo fresco tritate

Indicazioni:

Preriscalda il forno a 400 ° F. Cuocere 3 cucchiai di olio d'oliva finché non brilla. Aggiungere le melanzane a fettine e far rosolare per 3-4 minuti per lato. Trasferire su carta assorbente per scolare.

Rimetti la padella sul fuoco e versa i restanti 2 cucchiai di olio d'oliva. Aggiungere la cipolla e il peperone verde. Continuate la cottura fino a quando le verdure saranno morbide. Togliere dalla padella e mettere da parte.

Tira fuori la padella sul fuoco e aggiungi il tacchino. Cuocere per circa 5 minuti, sbriciolando con un cucchiaio, fino a doratura. Incorporare l'aglio e cuocere per 30 secondi, mescolando continuamente.

Incorporare il concentrato di pomodoro, i pomodori, il condimento italiano, la salsa Worcestershire, l'origano e la cannella. Rimetti la cipolla e il peperone nella padella. Cuocere per 5 minuti, mescolando. Unisci lo yogurt, l'uovo, il pepe, la noce moscata e il formaggio.

Disporre metà della miscela di carne in una pirofila da 9x13 pollici. Adagiare con metà delle melanzane. Aggiungere il restante composto di carne e le rimanenti melanzane. Spalmare con la miscela di yogurt. Cuocere fino a doratura. Guarnire con il prezzemolo e servire.

Nutrizione (per 100 g): 338 calorie 5 g di grassi 16 g di carboidrati 28 g di proteine 569 mg di sodio

Filetto di maiale di Digione alle erbe

Tempo di preparazione: 10 minuti

Tempo di cottura : 30 minuti

Porzioni: 6

Livello di difficoltà: medio

Ingredienti:

- ½ tazza di foglie di prezzemolo fresco italiano, tritate
- 3 cucchiai di foglie di rosmarino fresco, tritate
- 3 cucchiai di foglie di timo fresco, tritate
- 3 cucchiai di senape di Digione
- 1 cucchiaio di olio extravergine d'oliva
- 4 spicchi d'aglio, tritati
- ½ cucchiaino di sale marino
- ¼ di cucchiaino di pepe nero appena macinato
- 1 filetto di maiale (1 ½ libbra)

Indicazioni:

Preriscalda il forno a 400 ° F. Frulla il prezzemolo, il rosmarino, il timo, la senape, l'olio d'oliva, l'aglio, il sale marino e il pepe. Frullare per circa 30 secondi fino a che liscio. Distribuire uniformemente il composto sulla carne di maiale e adagiarlo su una teglia da forno bordata.

Cuocere fino a quando la carne raggiunge una temperatura interna di 140 ° F. Sfornare e mettere da parte per 10 minuti prima di affettare e servire.

Nutrizione (per 100 g): 393 calorie 3 g di grassi 5 g di carboidrati 74 g di proteine 697 mg di sodio

Bistecca con Salsa di Funghi e Vino Rosso

Tempo di preparazione : minuti più 8 ore per marinare

Tempo di cottura : 20 minuti

Porzioni: 4

Livello di difficoltà: difficile

Ingredienti:

- <u>Per la marinata e la bistecca</u>
- 1 tazza di vino rosso secco
- 3 spicchi d'aglio, tritati
- 2 cucchiai di olio extravergine d'oliva
- 1 cucchiaio di salsa di soia a basso contenuto di sodio
- 1 cucchiaio di timo essiccato
- 1 cucchiaino di senape di Digione
- 2 cucchiai di olio extravergine d'oliva
- Bistecca con gonna da 1 a 1 ½ libbra, bistecca di ferro piatto o bistecca a tre punte
- <u>Per la salsa di funghi</u>
- 2 cucchiai di olio extravergine d'oliva
- Funghi cremini da 1 libbra, tagliati in quarti
- ½ cucchiaino di sale marino
- 1 cucchiaino di timo essiccato
- 1/8 cucchiaino di pepe nero appena macinato
- 2 spicchi d'aglio, tritati

- 1 tazza di vino rosso secco

Indicazioni:

Per fare la marinata e la bistecca

In una piccola ciotola, sbatti il vino, l'aglio, l'olio d'oliva, la salsa di soia, il timo e la senape. Versare in un sacchetto richiudibile e aggiungere la bistecca. Metti a marinare la bistecca in frigorifero per 4-8 ore. Togli la bistecca dalla marinata e asciugala con carta assorbente.

Cuocere l'olio d'oliva in una padella larga fino a quando non brilla.

Posizionare la bistecca e cuocere per circa 4 minuti per lato fino a quando non sarà ben dorata su ogni lato e la bistecca raggiungerà una temperatura interna di 140 ° F. Togli la bistecca dalla padella e mettila su un piatto tendato con carta stagnola per tenerla al caldo, mentre prepari la salsa ai funghi.

Quando la salsa di funghi è pronta, affetta la bistecca contro il grano in fette spesse ½ pollice.

Per fare la salsa ai funghi

Cuocere l'olio nella stessa padella a fuoco medio-alto. Aggiungere i funghi, il sale marino, il timo e il pepe. Cuocere per circa 6 minuti, mescolando molto di rado, finché i funghi non saranno dorati.

Soffriggi l'aglio. Mescola il vino e usa il lato di un cucchiaio di legno per rimuovere eventuali pezzetti dorati dal fondo della padella.

Cuocere fino a quando il liquido si riduce della metà. Servire i funghi con un cucchiaio sulla bistecca.

Nutrizione (per 100 g): 405 calorie 5 g di grassi 7 g di carboidrati 33 g di proteine 842 mg di sodio

Polpette greche

Tempo di preparazione: 20 minuti

Tempo di cottura : 25 minuti

Porzioni: 4

Livello di difficoltà: medio

Ingredienti:

- 2 fette di pane integrale
- 1 ¼ libbra di tacchino macinato
- 1 uovo
- ¼ di tazza di pangrattato integrale condito
- 3 spicchi d'aglio, tritati
- ¼ di cipolla rossa, grattugiata
- ¼ di tazza di prezzemolo fresco italiano tritato
- 2 cucchiai di foglie di menta fresca tritate
- 2 cucchiai di foglie di origano fresco tritate
- ½ cucchiaino di sale marino
- ¼ di cucchiaino di pepe nero appena macinato

Indicazioni:

Preriscalda il forno a 350 ° F. Posiziona la carta forno o la carta stagnola sulla teglia. Fai scorrere il pane sotto l'acqua per bagnarlo e strizzalo per eliminare l'eccesso. Tagliare a pezzetti il pane bagnato e metterlo in una ciotola media.

Aggiungere il tacchino, l'uovo, il pangrattato, l'aglio, la cipolla rossa, il prezzemolo, la menta, l'origano, il sale marino e il pepe. Mescolare bene. Formare il composto in palline da ¼ di tazza. Posizionare le polpette sulla teglia preparata e infornare per circa 25 minuti, o fino a quando la temperatura interna non raggiunge i 165 ° F.

Nutrizione (per 100 g): 350 calorie 6 g di grassi 10 g di carboidrati 42 g di proteine 842 mg di sodio

Agnello con Fagiolini

Tempo di preparazione: 10 minuti

Tempo di cottura: 1 ora

Porzioni: 6

Livello di difficoltà: difficile

Ingredienti:

- ¼ di tazza di olio extravergine di oliva, diviso
- 6 costolette di agnello, private del grasso extra
- 1 cucchiaino di sale marino, diviso
- ½ cucchiaino di pepe nero appena macinato
- 2 cucchiai di concentrato di pomodoro
- 1 tazza e mezzo di acqua calda
- Fagiolini da 1 libbra, tagliati e tagliati a metà trasversalmente
- 1 cipolla, tritata
- 2 pomodori, tritati

Indicazioni:

Cuocere 2 cucchiai di olio d'oliva in una padella larga finché non brilla. Condire le costolette di agnello con ½ cucchiaino di sale marino e 1/8 cucchiaino di pepe. Cuocere l'agnello nell'olio caldo per circa 4 minuti per lato fino a doratura su entrambi i lati. Metti la carne su un piatto da portata e mettila da parte.

Rimetti la padella sul fuoco e metti i restanti 2 cucchiai di olio d'oliva. Riscalda finché non brilla.

In una ciotola fate sciogliere il concentrato di pomodoro nell'acqua calda. Aggiungilo alla padella calda insieme ai fagiolini, alla cipolla, ai pomodori e al restante ½ cucchiaino di sale marino e ¼ di pepe. Portare a ebollizione, usando il lato di un cucchiaio per raschiare i pezzetti dorati dal fondo della padella.

Rimetti le costolette di agnello nella padella. Lasciar bollire e regolare la fiamma a un livello medio-basso. Cuocere a fuoco lento per 45 minuti fino a quando i fagioli sono morbidi, aggiungendo altra acqua se necessario per regolare lo spessore della salsa.

Nutrizione (per 100 g): 439 calorie 4 g di grassi 10 g di carboidrati 50 g di proteine 745 mg di sodio

Pollo in salsa di pomodoro e salsa balsamica

Tempo di preparazione: 10 minuti

Tempo di cottura : 20 minuti

Porzioni: 4

Livello di difficoltà: medio

ingredienti

- 2 (8 once o 226,7 g ciascuno) petti di pollo disossati, senza pelle
- ½ cucchiaino. sale
- ½ cucchiaino. Pepe macinato
- 3 cucchiai. olio extravergine d'oliva
- ½ c. pomodorini tagliati a metà
- 2 cucchiai. scalogno affettato
- ¼ c. aceto balsamico
- 1 cucchiaio. aglio tritato
- 1 cucchiaio. semi di finocchio tostati, schiacciati
- 1 cucchiaio. burro

Indicazioni:

Tagliate i petti di pollo in 4 pezzi e sbatteteli con una mazzuola fino a raggiungere uno spessore di ¼ di pollice. Usa ¼ cucchiaini di pepe e sale per rivestire il pollo. Scalda due cucchiai di olio in una padella e mantieni il fuoco a temperatura media. Cuocere i petti di pollo su entrambi i lati per tre minuti. Mettilo su un piatto da portata e coprilo con un foglio per tenerlo caldo.

Aggiungere un cucchiaio di olio, scalogno e pomodori in una padella e cuocere finché non si ammorbidisce. Aggiungere l'aceto e far bollire il composto fino a ridurlo della metà. Mettete i semi di finocchio, l'aglio, il sale e il pepe e fate cuocere per circa quattro minuti. Tiratela fuori dal fuoco e mescolatela con il burro. Versare questa salsa sul pollo e servire.

Nutrizione (per 100 g): 294 calorie 17 g di grassi 10 g di carboidrati 2 g di proteine 639 mg di sodio

Insalata di riso integrale, feta, piselli freschi e menta

Tempo di preparazione: 10 minuti

Tempo di cottura : 25 minuti

Porzioni: 4

Livello di difficoltà: facile

Ingredienti:

- 2 c. riso integrale
- 3 c. acqua
- sale
- 5 oz. o 141,7 g di formaggio feta sbriciolato
- 2 c. piselli cotti
- ½ c. menta tritata, fresca
- 2 cucchiai. olio d'oliva
- Sale e pepe

Indicazioni:

Mettere il riso integrale, l'acqua e il sale in una casseruola a fuoco medio, coprire e portare a ebollizione. Abbassate la fiamma e lasciate cuocere finché l'acqua non si sarà sciolta e il riso sarà morbido ma gommoso. Lasciar raffreddare completamente

Aggiungere la feta, i piselli, la menta, l'olio d'oliva, il sale e il pepe in un'insalatiera con il riso raffreddato e mescolare per unire

Servire e gustare!

Nutrizione (per 100 g): 613 calorie 18,2 g di grassi 45 g di carboidrati 12 g di proteine 755 mg di sodio

Bistecche di cavolfiore con salsa di agrumi e olive

Tempo di preparazione: 15 minuti

Tempo di cottura : 30 minuti

Porzioni: 4

Livello di difficoltà: medio

Ingredienti:

- 1 o 2 grandi teste di cavolfiore
- 1/3 di tazza di olio extravergine di oliva
- ¼ di cucchiaino di sale kosher
- 1/8 cucchiaino di pepe nero macinato
- Succo di 1 arancia
- Scorza di 1 arancia
- ¼ di tazza di olive nere, snocciolate e tritate
- 1 cucchiaio di Digione o senape granulosa
- 1 cucchiaio di aceto di vino rosso
- ½ cucchiaino di coriandolo macinato

Indicazioni:

Preriscalda il forno a 400 ° F. Metti della carta da forno o un foglio di alluminio nella teglia. Taglia il gambo del cavolfiore in modo che rimanga in posizione verticale. Affettalo verticalmente in quattro lastre spesse. Posizionare il cavolfiore sulla teglia preparata. Ungere con l'olio d'oliva, il sale e il pepe nero. Infornate per circa 30 minuti.

In una ciotola media, mescolare il succo d'arancia, la scorza d'arancia, le olive, la senape, l'aceto e il coriandolo; mescolare bene. Servire con la salsa.

Nutrizione (per 100 g): 265 calorie 21 g di grassi 4 g di carboidrati 5 g di proteine 693 mg di sodio

Pasta Al Pesto Di Pistacchio E Menta

Tempo di preparazione: 10 minuti

Tempo di cottura : 10 minuti

Porzioni: 4

Livello di difficoltà: medio

Ingredienti:

- 8 once di pasta integrale
- 1 tazza di menta fresca
- ½ tazza di basilico fresco
- 1/3 di tazza di pistacchi non salati, sgusciati
- 1 spicchio d'aglio sbucciato
- ½ cucchiaino di sale kosher
- Succo di ½ lime
- 1/3 di tazza di olio extravergine di oliva

Indicazioni:

Cuocere la pasta seguendo le indicazioni sulla confezione. Scolare, riservando ½ tazza di acqua per la pasta e mettere da parte. In un robot da cucina, aggiungi la menta, il basilico, i pistacchi, l'aglio, il sale e il succo di lime. Frullare fino a quando i pistacchi saranno macinati grossolanamente. Mescolare l'olio d'oliva in un flusso lento e costante e frullare fino a incorporarlo.

In una ciotola capiente incorporate la pasta con il pesto di pistacchi. Se si desidera una consistenza più sottile e saporita, aggiungere un po 'dell'acqua di pasta riservata e mescolare bene.

Nutrizione (per 100 g): 420 calorie 3 g di grassi 2 g di carboidrati 11 g di proteine 593 mg di sodio

Burst Cherry Tomato Sauce with Angel Hair Pasta

Tempo di preparazione: 10 minuti

Tempo di cottura : 20 minuti

Porzioni: 4

Livello di difficoltà: medio

Ingredienti:

- 8 once di pasta per capelli d'angelo
- 2 cucchiai di olio extravergine d'oliva
- 3 spicchi d'aglio, tritati
- 3 pinte di pomodorini
- ½ cucchiaino di sale kosher
- ¼ di cucchiaino di fiocchi di peperone rosso
- ¾ tazza di basilico fresco, tritato
- 1 cucchiaio di aceto balsamico bianco (facoltativo)
- ¼ di tazza di parmigiano grattugiato (opzionale)

Indicazioni:

Cuocere la pasta seguendo le indicazioni sulla confezione. Scolare e mettere da parte.

Cuocere l'olio d'oliva in una padella o in una padella larga a fuoco medio-alto. Incorporare l'aglio e rosolare per 30 secondi. Mescolare i pomodori, il sale e i fiocchi di peperoncino e cuocere, mescolando di tanto in tanto, finché i pomodori non scoppiano, per circa 15 minuti.

Togliere dal fuoco e incorporare la pasta e il basilico. Mescola bene insieme. (Per i pomodori fuori stagione, aggiungere l'aceto, se lo si desidera, e mescolare bene). Servire.

Nutrizione (per 100 g): 305 calorie 8 g di grassi 3 g di carboidrati 11 g di proteine 559 mg di sodio

Tofu al Forno con Pomodori Secchi e Carciofi

Tempo di preparazione: 30 minuti

Tempo di cottura : 30 minuti

Porzioni: 4

Livello di difficoltà: medio

Ingredienti:

- 1 confezione da 16 once di tofu extra duro, tagliato a cubetti da 1 pollice
- 2 cucchiai di olio extravergine di oliva, diviso
- 2 cucchiai di succo di limone, diviso
- 1 cucchiaio di salsa di soia a basso contenuto di sodio
- 1 cipolla, a dadini
- ½ cucchiaino di sale kosher
- 2 spicchi d'aglio, tritati
- 1 (14 once) può cuori di carciofo, scolati
- 8 pomodori secchi
- ¼ di cucchiaino di pepe nero appena macinato
- 1 cucchiaio di aceto di vino bianco
- Scorza di 1 limone
- ¼ di tazza di prezzemolo fresco tritato

Indicazioni:

Prepara il forno a 400 ° F. Posiziona la pellicola o la carta forno nella teglia. In una ciotola unire il tofu, 1 cucchiaio di olio d'oliva, 1 cucchiaio di succo di limone e la salsa di soia. Mettere da parte e marinare per 15-30 minuti. Disporre il tofu in un unico strato sulla teglia preparata e infornare per 20 minuti, girando una volta, fino a doratura.

Cuocere il restante cucchiaio di olio d'oliva in una padella larga o in una padella soffriggere a fuoco medio. Aggiungere la cipolla e il sale; rosolare fino a quando non diventa traslucido, da 5 a 6 minuti. Mescolare l'aglio e rosolare per 30 secondi. Quindi mettere i cuori di carciofo, i pomodori secchi e il pepe nero e far rosolare per 5 minuti. Aggiungere l'aceto di vino bianco e il restante 1 cucchiaio di succo di limone e sfumare la padella, raschiando i pezzetti marroni. Togliete la padella dal fuoco e mettete la scorza di limone e il prezzemolo. Incorporare delicatamente il tofu al forno.

Nutrizione (per 100 g): 230 calorie 14 g di grassi 5 g di carboidrati 14 g di proteine 593 mg di sodio

Tempeh mediterraneo al forno con pomodori e aglio

Tempo di preparazione : 25 minuti, più 4 ore per marinare

Tempo di cottura : 35 minuti

Porzioni: 4

Livello di difficoltà: difficile

Ingredienti:

- Per il Tempeh
- 12 once di tempeh
- ¼ di bicchiere di vino bianco
- 2 cucchiai di olio extravergine d'oliva
- 2 cucchiai di succo di limone
- Scorza di 1 limone
- ¼ di cucchiaino di sale kosher
- ¼ di cucchiaino di pepe nero appena macinato
- Per la salsa di pomodoro e aglio
- 1 cucchiaio di olio extravergine d'oliva
- 1 cipolla, a dadini
- 3 spicchi d'aglio, tritati
- 1 (14,5 once) può pomodori schiacciati senza sale aggiunto
- 1 pomodoro bistecca, a dadini
- 1 foglia di alloro essiccata
- 1 cucchiaino di aceto di vino bianco

- 1 cucchiaino di succo di limone
- 1 cucchiaino di origano essiccato
- 1 cucchiaino di timo essiccato
- ¾ cucchiaino di sale kosher
- ¼ di tazza di basilico, tagliato a listarelle

Indicazioni:

Per fare il Tempeh

Metti il tempeh in una casseruola media. Riempi abbastanza acqua per coprirlo da 1 a 2 pollici. Portare a ebollizione a fuoco medio-alto, coprire e abbassare la fiamma per far sobbollire. Cuoci per 10-15 minuti. Rimuovere il tempeh, asciugarlo, raffreddarlo e tagliarlo a cubetti da 1 pollice.

Mescolare il vino bianco, l'olio d'oliva, il succo di limone, la scorza di limone, il sale e il pepe nero. Aggiungere il tempeh, coprire la ciotola, mettere in frigorifero per 4 ore o durante la notte. Preriscalda il forno a 375 ° F. Mettere il tempeh marinato e la marinata in una pirofila e cuocere per 15 minuti.

Per fare i pomodori e la salsa all'aglio

Cuocere l'olio d'oliva in un'ampia padella a fuoco medio. Aggiungere la cipolla e rosolare fino a renderla trasparente, da 3 a 5 minuti. Mescolare l'aglio e rosolare per 30 secondi. Aggiungere i pomodori schiacciati, il pomodoro bistecca, la foglia di alloro, l'aceto, il succo di limone, l'origano, il timo e il sale. Mescolare bene. Fai bollire per 15 minuti.

Aggiungere il tempeh cotto al composto di pomodoro e mescolare delicatamente. Guarnite con il basilico.

SUGGERIMENTO PER LA SOSTITUZIONE: se sei fuori dal tempeh o vuoi semplicemente accelerare il processo di cottura, puoi sostituire il tempeh con una lattina da 14,5 once di fagioli bianchi. Sciacquate i fagioli e metteteli nel sugo con i pomodorini schiacciati. Fa comunque un ottimo antipasto vegano in metà del tempo!

Nutrizione (per 100 g): 330 calorie 20 g di grassi 4 g di carboidrati 18 g di proteine 693 mg di sodio

Funghi Portobello Arrostiti con Cavolo Nero e Cipolla Rossa

Tempo di preparazione: 30 minuti

Tempo di cottura : 30 minuti

Porzioni: 4

Livello di difficoltà: difficile

Ingredienti:

- ¼ di tazza di aceto di vino bianco
- 3 cucchiai di olio extravergine di oliva, diviso
- ½ cucchiaino di miele
- ¾ cucchiaino di sale kosher, diviso
- ¼ di cucchiaino di pepe nero appena macinato
- 4 funghi portobello grandi, privati dei gambi
- 1 cipolla rossa, tagliata alla julienne
- 2 spicchi d'aglio, tritati
- 1 mazzetto di cavolo nero (8 once), con gambo e tritato piccolo
- ¼ di cucchiaino di fiocchi di peperone rosso
- ¼ di tazza di parmigiano grattugiato o formaggio romano

Indicazioni:

Metti della carta da forno o un foglio di alluminio nella teglia. In una ciotola media, sbatti insieme l'aceto, 1 cucchiaio e mezzo di olio d'oliva, il miele, ¼ di cucchiaino di sale e il pepe nero.

Adagiare i funghi sulla teglia e versarvi sopra la marinata. Lasciar marinare per 15-30 minuti.

Nel frattempo, preriscalda il forno a 400 ° F. Cuocere i funghi per 20 minuti girandoli a metà cottura. Riscaldare il restante 1 cucchiaio e mezzo di olio d'oliva in una padella grande o in una padella da forno a fuoco medio-alto. Aggiungere la cipolla e il restante ½ cucchiaino di sale e rosolare fino a doratura, da 5 a 6 minuti. Mescolare l'aglio e rosolare per 30 secondi. Mescolare il cavolo nero e i fiocchi di peperoncino e rosolare finché il cavolo non si sarà cotto, circa 5 minuti.

Sfornare i funghi e aumentare la temperatura per cuocere alla griglia. Versare con cautela il liquido della teglia nella teglia con il composto di cavolo riccio; mescolare bene. Capovolgi i funghi in modo che il lato del gambo sia rivolto verso l'alto. Versa un po 'della miscela di cavolo riccio sopra ogni fungo. Cospargere 1 cucchiaio di parmigiano sopra ciascuno. Cuocere alla griglia fino a doratura.

Nutrizione (per 100 g): 200 calorie 13 g di grassi 4 g di carboidrati 8 g di proteine

Tofu marinato al balsamico con basilico e origano

Tempo di preparazione: 40 minuti

Tempo di cottura : 30 minuti

Porzioni: 4

Livello di difficoltà: medio

Ingredienti:

- ¼ di tazza di olio extravergine di oliva
- ¼ di tazza di aceto balsamico
- 2 cucchiai di salsa di soia a basso contenuto di sodio
- 3 spicchi d'aglio, grattugiati
- 2 cucchiaini di sciroppo d'acero puro
- Scorza di 1 limone
- 1 cucchiaino di basilico essiccato
- 1 cucchiaino di origano essiccato
- ½ cucchiaino di timo essiccato
- ½ cucchiaino di salvia essiccata
- ¼ di cucchiaino di sale kosher
- ¼ di cucchiaino di pepe nero appena macinato
- ¼ di cucchiaino di fiocchi di peperone rosso (facoltativo)
- 1 blocco (16 once) di tofu extra solido

Indicazioni:

In una ciotola o in un sacchetto con chiusura a zip da un litro, mescolare l'olio d'oliva, l'aceto, la salsa di soia, l'aglio, lo sciroppo d'acero, la scorza di limone, il basilico, l'origano, il timo, la salvia, il

sale, il pepe nero e il peperoncino rosso, se lo si desidera.
Aggiungere il tofu e mescolare delicatamente. Mettete in
frigorifero e lasciate marinare per 30 minuti o fino a una notte se
lo desiderate.

Prepara il forno a 425 ° F. Metti della carta da forno o un foglio di
alluminio nella teglia. Disporre il tofu marinato in un unico strato
sulla teglia preparata. Cuocere per 20-30 minuti, capovolgere a
metà cottura, fino a renderli leggermente croccanti.

Nutrizione (per 100 g): 225 calorie 16 g di grassi 2 g di
carboidrati 13 g di proteine 493 mg di sodio

Zucchine ripiene di ricotta, basilico e pistacchio

Tempo di preparazione: 15 minuti

Tempo di cottura : 25 minuti

Porzioni: 4

Livello di difficoltà: medio

Ingredienti:

- 2 zucchine medie, tagliate a metà nel senso della lunghezza
- 1 cucchiaio di olio extravergine d'oliva
- 1 cipolla, a dadini
- 1 cucchiaino di sale kosher
- 2 spicchi d'aglio, tritati
- ¾ tazza di ricotta
- ¼ di tazza di pistacchi non salati, sgusciati e tritati
- ¼ di tazza di basilico fresco, tritato
- 1 uovo grande, sbattuto
- ¼ di cucchiaino di pepe nero appena macinato

Indicazioni:

Prepara il forno a 425 ° F. Metti della carta da forno o un foglio di alluminio nella teglia. Raccogli i semi / la polpa dalle zucchine, lasciando la polpa di ¼ di pollice attorno ai bordi. Adagia la polpa su un tagliere e taglia la polpa.

Cuocere l'olio d'oliva in una padella soffriggere a fuoco medio. Aggiungere la cipolla, la polpa e il sale e rosolare per circa 5 minuti. Aggiungere l'aglio e rosolare per 30 secondi. Mescolare la ricotta, i pistacchi, il basilico, l'uovo e il pepe nero. Aggiungere il composto di cipolle e mescolare bene.

Posizionare le 4 metà di zucchine sulla teglia preparata. Spalmate le metà delle zucchine con il composto di ricotta. Cuocere fino a doratura.

Nutrizione (per 100 g): 200 calorie 12 g di grassi 3 g di carboidrati 11 g di proteine 836 mg di sodio

Farro con Pomodori Arrostiti e Funghi

Tempo di preparazione: 20 minuti

Tempo di cottura: 1 ora

Porzioni: 4

Livello di difficoltà: difficile

Ingredienti:

- <u>Per i pomodori</u>
- 2 pinte di pomodorini
- 1 cucchiaino di olio extravergine d'oliva
- ¼ di cucchiaino di sale kosher
- <u>Per il Farro</u>
- 3-4 tazze d'acqua
- ½ tazza di farro
- ¼ di cucchiaino di sale kosher
- <u>Per i funghi</u>
- 2 cucchiai di olio extravergine d'oliva
- 1 cipolla, tagliata alla julienne
- ½ cucchiaino di sale kosher
- ¼ di cucchiaino di pepe nero appena macinato
- 10 once di funghi baby bell, picchiati e tagliati a fettine sottili
- ½ tazza di brodo vegetale senza sale aggiunto
- 1 (15 once) può fagioli cannellini a basso contenuto di sodio, scolati e sciacquati
- 1 tazza di spinaci baby

- 2 cucchiai di basilico fresco, tagliato a listarelle
- ¼ di tazza di pinoli, tostati
- Aceto balsamico invecchiato (facoltativo)

Indicazioni:

Per fare i pomodori

Preriscalda il forno a 400 ° F. Metti della carta da forno o un foglio di alluminio nella teglia. Mescolare i pomodori, l'olio d'oliva e il sale insieme sulla teglia e cuocere per 30 minuti.

Per fare il farro

Porta l'acqua, il farro e il sale a ebollizione in una casseruola media o in una pentola a fuoco alto. Lasciar sobbollire e cuocere per 30 minuti, o finché il farro è al dente. Scolare e mettere da parte.

Per fare i funghi

Cuocere l'olio d'oliva in una padella larga o in una padella a fuoco medio-basso. Aggiungere le cipolle, il sale e il pepe nero e rosolare fino a doratura e iniziare a caramellare, per circa 15 minuti. Incorporare i funghi, aumentare la fiamma a una temperatura media e rosolare finché il liquido non sarà evaporato e i funghi saranno dorati, per circa 10 minuti. Incorporare il brodo vegetale e sfumare la padella, raschiando i pezzetti marroni e ridurre il liquido per circa 5 minuti. Aggiungere i fagioli e riscaldarli per circa 3 minuti.

Rimuovere e incorporare gli spinaci, il basilico, i pinoli, i pomodori arrostiti e il farro. Spruzzare con aceto balsamico, se lo si desidera.

Nutrizione (per 100 g): 375 calorie 15 g di grassi 10 g di carboidrati 14 g di proteine 769 mg di sodio

Orzo al forno con melanzane, bietole e mozzarella

Tempo di preparazione: 20 minuti

Tempo di cottura : 60 minuti

Porzioni: 4

Livello di difficoltà: medio

Ingredienti:

- 2 cucchiai di olio extravergine d'oliva
- 1 melanzana grande (1 libbra), tagliata a dadini piccoli
- 2 carote, sbucciate e tagliate a dadini piccoli
- 2 gambi di sedano, tagliati a dadini piccoli
- 1 cipolla, tagliata a dadini piccoli
- ½ cucchiaino di sale kosher
- 3 spicchi d'aglio, tritati
- ¼ di cucchiaino di pepe nero appena macinato
- 1 tazza di orzo integrale
- 1 cucchiaino di concentrato di pomodoro senza sale
- 1 tazza e mezzo di brodo vegetale senza sale aggiunto
- 1 tazza di bietole, senza gambo e tritate piccole
- 2 cucchiai di origano fresco, tritato
- Scorza di 1 limone
- 4 once di mozzarella, tagliata a dadini piccoli
- ¼ di tazza di parmigiano grattugiato
- 2 pomodori, tagliati a fette spesse ½ pollice

Indicazioni:

Preriscalda il forno a 400 ° F. Cuocere l'olio d'oliva in una padella larga adatta al forno a fuoco medio. Aggiungere le melanzane, le carote, il sedano, la cipolla e il sale e rosolare per circa 10 minuti. Aggiungere l'aglio e il pepe nero e rosolare per circa 30 secondi. Aggiungere l'orzo e il concentrato di pomodoro e rosolare 1 minuto. Mescolare il brodo vegetale e sfumare la padella, raschiando i pezzetti marroni. Aggiungere la bietola, l'origano e la scorza di limone e mescolare finché la bietola non appassisce.

Tirate fuori e mettete la mozzarella. Appiattisci la parte superiore della miscela di orzo. Cospargere con il parmigiano. Distribuire i pomodori in un unico strato sopra il parmigiano. Infornate per 45 minuti.

Nutrizione (per 100 g): 470 calorie 17 g di grassi 7 g di carboidrati 18 g di proteine 769 mg di sodio

Risotto d'orzo con pomodori

Tempo di preparazione: 20 minuti

Tempo di cottura : 45 minuti

Porzioni: 4

Livello di difficoltà: medio

Ingredienti:

- 2 cucchiai di olio extravergine d'oliva
- 2 gambi di sedano, tagliati a dadini
- ½ tazza di scalogno, tagliato a dadini
- 4 spicchi d'aglio, tritati
- 3 tazze di brodo vegetale senza sale aggiunto
- 1 (14,5 once) può pomodori a cubetti senza sale aggiunto
- 1 (14,5 once) può pomodori schiacciati senza sale aggiunto
- 1 tazza di orzo perlato
- Scorza di 1 limone
- 1 cucchiaino di sale kosher
- ½ cucchiaino di paprika affumicata
- ¼ di cucchiaino di fiocchi di peperone rosso
- ¼ di cucchiaino di pepe nero appena macinato
- 4 rametti di timo
- 1 foglia di alloro essiccata
- 2 tazze di spinaci baby
- ½ tazza di formaggio feta sbriciolato
- 1 cucchiaio di origano fresco, tritato

- 1 cucchiaio di semi di finocchio, tostati (facoltativo)

Indicazioni:

Cuocere l'olio d'oliva in una grande casseruola a fuoco medio. Aggiungere il sedano e lo scalogno e rosolare, per circa 4-5 minuti. Aggiungere l'aglio e rosolare per 30 secondi. Aggiungere il brodo vegetale, i pomodori a cubetti, i pomodori schiacciati, l'orzo, la scorza di limone, il sale, la paprika, i fiocchi di peperoncino, il pepe nero, il timo e la foglia di alloro e mescolare bene. Lascialo bollire, quindi abbassalo al minimo e fai sobbollire. Cuocere, mescolando di tanto in tanto, per 40 minuti.

Rimuovere la foglia di alloro e i rametti di timo. Incorporare gli spinaci. In una piccola ciotola, unire la feta, l'origano ei semi di finocchio. Servire il risotto d'orzo in ciotole condite con il composto di feta.

Nutrizione (per 100 g): 375 calorie 12 g di grassi 13 g di carboidrati 11 g di proteine 799 mg di sodio

Ceci e Cavolo riccio con salsa piccante al pomodoro

Tempo di preparazione: 10 minuti

Tempo di cottura : 35 minuti

Porzioni: 4

Livello di difficoltà: facile

Ingredienti:

- 2 cucchiai di olio extravergine d'oliva
- 4 spicchi d'aglio, affettati
- 1 cucchiaino di fiocchi di peperone rosso
- 1 (28 once) può pomodori schiacciati senza sale aggiunto
- 1 cucchiaino di sale kosher
- ½ cucchiaino di miele
- 1 mazzetto di cavolo riccio, senza gambo e tritato
- 2 lattine (15 once) di ceci a basso contenuto di sodio, scolate e risciacquate
- ¼ di tazza di basilico fresco, tritato
- ¼ di tazza di pecorino romano grattugiato

Indicazioni:

Cuocere l'olio d'oliva in una padella soffriggere a fuoco medio. Incorporare l'aglio e i fiocchi di peperoncino e rosolare fino a quando l'aglio non avrà un bel colore dorato, circa 2 minuti.

Aggiungere i pomodori, il sale e il miele e mescolare bene. Abbassa la fiamma e lascia sobbollire per 20 minuti.

Aggiungere il cavolo nero e mescolare bene. Cuocere circa 5 minuti. Aggiungere i ceci e cuocere a fuoco lento per circa 5 minuti. Togliete dal fuoco e incorporate il basilico. Servire condito con pecorino.

Nutrizione (per 100 g): 420 calorie 13 g di grassi 12 g di carboidrati 20 g di proteine 882 mg di sodio

Feta arrosto con cavolo nero e yogurt al limone

Tempo di preparazione: 15 minuti

Tempo di cottura : 20 minuti

Porzioni: 4

Livello di difficoltà: medio

Ingredienti:

- 1 cucchiaio di olio extravergine d'oliva
- 1 cipolla, tagliata alla julienne
- ¼ di cucchiaino di sale kosher
- 1 cucchiaino di curcuma macinata
- ½ cucchiaino di cumino macinato
- ½ cucchiaino di coriandolo macinato
- ¼ di cucchiaino di pepe nero appena macinato
- 1 mazzetto di cavolo riccio, senza gambo e tritato
- 7 once di formaggio feta in blocco, tagliato a fette spesse ¼ di pollice
- ½ tazza di yogurt greco naturale
- 1 cucchiaio di succo di limone

Indicazioni:

Preriscalda il forno a 400 ° F. Friggere l'olio d'oliva in un'ampia padella da forno o in una padella soffriggere a fuoco medio. Aggiungere la cipolla e il sale; rosolare fino a quando non diventa leggermente dorato, circa 5 minuti. Aggiungere la curcuma, il cumino, il coriandolo e il pepe nero; rosolare per 30 secondi. Aggiungere il cavolo nero e rosolare per circa 2 minuti. Aggiungere ½ tazza di acqua e continuare a cuocere il cavolo riccio, per circa 3 minuti.

Togliete dal fuoco e mettete le fette di feta sopra il composto di cavolo riccio. Introdurre in forno e cuocere fino a quando la feta si ammorbidisce, da 10 a 12 minuti. In una piccola ciotola, unire lo yogurt e il succo di limone. Servire il cavolo nero e il formaggio feta conditi con lo yogurt al limone.

Nutrizione (per 100 g): 210 calorie 14 g di grassi 2 g di carboidrati 11 g di proteine 836 mg di sodio

Melanzane Arrosto e Ceci Con Salsa di Pomodoro

Tempo di preparazione: 15 minuti

Tempo di cottura : 60 minuti

Porzioni: 4

Livello di difficoltà: difficile

Ingredienti:

- Spray da cucina all'olio d'oliva
- 1 melanzana grande (circa 1 libbra), tagliata a rondelle spesse ¼ di pollice
- 1 cucchiaino di sale kosher, diviso
- 1 cucchiaio di olio extravergine d'oliva
- 3 spicchi d'aglio, tritati
- 1 (28 once) può pomodori schiacciati senza sale aggiunto
- ½ cucchiaino di miele
- ¼ di cucchiaino di pepe nero appena macinato
- 2 cucchiai di basilico fresco, tritato
- 1 (15 once) può ceci senza sale o a basso contenuto di sodio, scolati e sciacquati
- ¾ tazza di formaggio feta sbriciolato
- 1 cucchiaio di origano fresco, tritato

Indicazioni:

Preriscalda il forno a 425 ° F. Ungere e foderare due teglie con carta stagnola e spruzzare leggermente con olio d'oliva spray da cucina. Distribuire le melanzane in un unico strato e spolverare con ½ cucchiaino di sale. Cuocere per 20 minuti, girando una volta a metà, fino a quando non saranno leggermente dorati.

Nel frattempo, scaldare l'olio d'oliva in una grande casseruola a fuoco medio. Mescolare l'aglio e rosolare per 30 secondi. Aggiungere i pomodori schiacciati, il miele, il restante ½ cucchiaino di sale e il pepe nero. Cuocere a fuoco lento per circa 20 minuti, fino a quando la salsa si riduce un po 'e si addensa. Incorporate il basilico.

Dopo aver tolto le melanzane dal forno, abbassare la temperatura del forno a 375 ° F. In una grande pirofila rettangolare o ovale, unire i ceci e 1 tazza di salsa. Adagiatevi sopra le fettine di melanzane, sovrapponendole se necessario per coprire i ceci. Adagiare la salsa rimanente sopra le melanzane. Cospargere la feta e l'origano sopra.

Avvolgere la teglia con un foglio e cuocere per 15 minuti. Estrarre la pellicola e cuocere per altri 15 minuti.

Nutrizione (per 100 g): 320 calorie 11 g di grassi 12 g di carboidrati 14 g di proteine 773 mg di sodio

Cursori di falafel al forno

Tempo di preparazione: 10 minuti

Tempo di cottura : 30 minuti

Porzioni: 6

Livello di difficoltà: medio

Ingredienti:

- Spray da cucina all'olio d'oliva
- 1 (15 once) può ceci a basso contenuto di sodio, scolati e risciacquati
- 1 cipolla, tritata grossolanamente
- 2 spicchi d'aglio sbucciati
- 2 cucchiai di prezzemolo fresco tritato
- 2 cucchiai di farina integrale
- ½ cucchiaino di coriandolo macinato
- ½ cucchiaino di cumino macinato
- ½ cucchiaino di lievito in polvere
- ½ cucchiaino di sale kosher
- ¼ di cucchiaino di pepe nero appena macinato

Indicazioni:

Preriscalda il forno a 350 ° F. Mettere carta da forno o pellicola e spruzzare leggermente con olio d'oliva spray da cucina nella teglia.

In un robot da cucina, unisci i ceci, la cipolla, l'aglio, il prezzemolo, la farina, il coriandolo, il cumino, il lievito, il sale e il pepe nero. Frulla fino a ottenere un composto omogeneo.

Preparare 6 tortini a scorrimento, ciascuno con ¼ di tazza colmo di composto, e disporli sulla teglia preparata. Infornate per 30 minuti. Servire.

Nutrizione (per 100 g): 90 calorie 1 g di grassi 3 g di carboidrati 4 g di proteine 803 mg di sodio

Portobello Caprese

Tempo di preparazione: 15 minuti

Tempo di cottura : 30 minuti

Porzioni: 2

Livello di difficoltà: difficile

Ingredienti:

- 1 cucchiaio di olio d'oliva
- 1 tazza di pomodorini
- Sale e pepe nero, quanto basta
- 4 grandi foglie di basilico fresco, tagliate a fettine sottili, divise
- 3 spicchi d'aglio medi, tritati
- 2 grandi funghi portobello, privati dei gambi
- Mini mozzarella da 4 pezzi
- 1 cucchiaio di parmigiano grattugiato

Indicazioni:

Prepara il forno a 180 ° C. Ungete una teglia con olio d'oliva. Versa 1 cucchiaio di olio d'oliva in una padella antiaderente e scalda a fuoco medio-alto. Aggiungere i pomodori alla padella e cospargere di sale e pepe nero per condire. Fate dei buchi sui pomodori per il succo durante la cottura. Metti il coperchio e cuoci i pomodori per 10 minuti o finché sono teneri.

Riserva 2 cucchiaini di basilico e aggiungi il basilico e l'aglio rimanenti nella padella. Schiacciare i pomodori con una spatola, quindi cuocere per mezzo minuto. Mescolate costantemente durante la cottura. Mettere da parte. Disporre i funghi nella teglia, con il coperchio rivolto verso il basso e cospargere di sale e pepe nero a piacere.

Versare il composto di pomodoro e le palline di mozzarella sulle branchie dei funghi, quindi spolverare con il parmigiano per ricoprire bene. Cuocere fino a quando i funghi saranno teneri e i formaggi saranno dorati. Sfornare i funghi ripieni e servire con sopra il basilico.

Nutrizione (per 100 g): 285 calorie 21,8 g di grassi 2,1 g di carboidrati 14,3 g di proteine 823 mg di sodio

Pomodori Ripieni Di Funghi E Formaggio

Tempo di preparazione: 15 minuti

Tempo di cottura : 20 minuti

Porzioni: 4

Livello di difficoltà: medio

Ingredienti:

- 4 pomodori grandi maturi
- 1 cucchiaio di olio d'oliva
- ½ libbra (454 g) di funghi bianchi o cremini, a fette
- 1 cucchiaio di basilico fresco, tritato
- ½ tazza di cipolla gialla, tagliata a dadini
- 1 cucchiaio di origano fresco, tritato
- 2 spicchi d'aglio, tritati
- ½ cucchiaino di sale
- ¼ di cucchiaino di pepe nero appena macinato
- 1 tazza di mozzarella parzialmente scremata, sminuzzata
- 1 cucchiaio di parmigiano grattugiato

Indicazioni:

Prepara il forno a 190 ° C. Taglia una fetta da ½ pollice dalla parte superiore di ogni pomodoro. Versare la polpa in una ciotola e lasciare i gusci di pomodoro da ½ pollice. Disporre i pomodori su una teglia rivestita con carta stagnola. Riscaldare l'olio d'oliva in una padella antiaderente a fuoco medio.

Aggiungere i funghi, il basilico, la cipolla, l'origano, l'aglio, il sale e il pepe nero nella padella e rosolare per 5 minuti.

Versare il composto nella ciotola della polpa di pomodoro, quindi aggiungere la mozzarella e mescolare per amalgamare bene. Versare il composto in ogni guscio di pomodoro, quindi aggiungere uno strato di parmigiano. Cuocere in forno preriscaldato per 15 minuti o fino a quando il formaggio è spumeggiante ei pomodori sono morbidi. Sfornate i pomodorini ripieni e serviteli caldi.

Nutrizione (per 100 g): 254 calorie 14,7 g di grassi 5,2 g di carboidrati 17,5 g di proteine 783 mg di sodio

Tabulé

Tempo di preparazione: 15 minuti

Tempo di cottura : Cinque minuti

Porzioni: 6

Livello di difficoltà: medio

Ingredienti:

- 4 cucchiai di olio d'oliva, diviso
- 4 tazze di cavolfiore cotto
- 3 spicchi d'aglio, tritati finemente
- Sale e pepe nero, quanto basta
- ½ cetriolo grande, sbucciato, privato dei semi e tritato
- ½ tazza di prezzemolo italiano tritato
- Succo di 1 limone
- 2 cucchiai di cipolla rossa tritata
- ½ tazza di foglie di menta tritate
- ½ tazza di olive Kalamata snocciolate, tritate
- 1 tazza di pomodorini, tagliati in quarti
- 2 tazze di rucola baby o foglie di spinaci
- 2 avocado medi, sbucciati, snocciolati e tagliati a cubetti

Indicazioni:

Scaldare 2 cucchiai di olio d'oliva in una padella antiaderente a fuoco medio-alto. Aggiungere il cavolfiore di riso, l'aglio, il sale e il pepe nero nella padella e rosolare per 3 minuti o fino a quando non diventa fragrante. Trasferiscili in una ciotola capiente.

Aggiungere il cetriolo, il prezzemolo, il succo di limone, la cipolla rossa, la menta, le olive e l'olio d'oliva rimasto nella ciotola. Lancia per combinare bene. Metti la ciotola in frigorifero per almeno 30 minuti.

Togli la ciotola dal frigorifero. Aggiungere i pomodorini, la rucola e l'avocado nella ciotola. Condisci bene e mescola per amalgamare bene. Servire freddo.

Nutrizione (per 100 g): 198 calorie 17,5 g di grassi 6,2 g di carboidrati 4,2 g di proteine 773 mg di sodio

Broccoli Piccanti Rabe E Cuori Di Carciofo

Tempo di preparazione: 5 minuti

Tempo di cottura : 15 minuti

Porzioni: 4

Livello di difficoltà: medio

Ingredienti:

- 3 cucchiai di olio d'oliva, diviso
- 2 libbre (907 g) di cime di rapa fresche
- 3 spicchi d'aglio, tritati finemente
- 1 cucchiaino di fiocchi di peperone rosso
- 1 cucchiaino di sale, più altro a piacere
- 383 g di cuori di carciofi
- 1 cucchiaio di acqua
- 2 cucchiai di aceto di vino rosso
- Pepe nero macinato fresco, quanto basta

Indicazioni:

Scaldare 2 cucchiai di olio d'oliva in una padella antiaderente su una padella medio-alta. Aggiungere i broccoli, l'aglio, i fiocchi di peperoncino e il sale nella padella e rosolare per 5 minuti o finché i broccoli non saranno morbidi.

Mettere i cuori di carciofi nella padella e rosolare per altri 2 minuti o finché sono teneri. Aggiungere l'acqua nella padella e abbassare la fiamma al minimo. Metti il coperchio e fai sobbollire per 5 minuti. Nel frattempo, unisci l'aceto e 1 cucchiaio di olio d'oliva in una ciotola.

Condire i broccoli e i carciofi bolliti con aceto oliato e cospargere di sale e pepe nero. Mescola per amalgamare bene prima di servire.

Nutrizione (per 100 g): 272 calorie 21,5 g di grassi 9,8 g di carboidrati 11,2 g di proteine 736 mg di sodio

Shakshuka

Tempo di preparazione: 10 minuti

Tempo di cottura : 25 minuti

Porzioni: 4

Livello di difficoltà: difficile

Ingredienti:

- 5 cucchiai di olio d'oliva, diviso
- 1 peperone rosso, tagliato a dadini
- ½ cipolla gialla piccola, tagliata a dadini fini
- 14 once (397 g) di pomodori schiacciati, con succhi
- 6 once (170 g) di spinaci congelati, scongelati e scolati dal liquido in eccesso
- 1 cucchiaino di paprika affumicata
- 2 spicchi d'aglio, tritati finemente
- 2 cucchiaini di peperoncino a scaglie
- 1 cucchiaio di capperi, tritati grossolanamente
- 1 cucchiaio di acqua
- 6 uova grandi
- ¼ di cucchiaino di pepe nero appena macinato
- ¾ tazza di feta o formaggio di capra, sbriciolato
- ¼ di tazza di prezzemolo fresco a foglia piatta o coriandolo tritato

Indicazioni:

Prepara il forno a 150 ° C. Scalda 2 cucchiai di olio d'oliva in una padella adatta al forno a fuoco medio-alto. Soffriggi il peperone e la cipolla nella padella finché la cipolla non diventa traslucida e il peperone morbido.

Aggiungere i pomodori e il succo, gli spinaci, la paprika, l'aglio, i fiocchi di peperoncino, i capperi, l'acqua e 2 cucchiai di olio d'oliva nella padella. Mescola bene e porta a ebollizione. Abbassa la fiamma al minimo, quindi metti il coperchio e lascia sobbollire per 5 minuti.

Rompere le uova sopra la salsa, mantenere un po 'di spazio tra ogni uovo, lasciare intatto l'uovo e spolverare con pepe nero appena macinato. Cuocere fino a quando le uova raggiungono la giusta cottura.

Cospargere il formaggio sulle uova e la salsa e cuocere in forno preriscaldato per 5 minuti o fino a quando il formaggio è spumoso e dorato. Condire con il restante 1 cucchiaio di olio d'oliva e spalmare sopra il prezzemolo prima di servire caldo.

Nutrizione (per 100 g): 335 calorie 26,5 g di grassi 5 g di carboidrati 16,8 g di proteine 736 mg di sodio

Spanakopita

Tempo di preparazione: 15 minuti

Tempo di cottura : 50 minuti

Porzioni: 6

Livello di difficoltà: difficile

Ingredienti:

- 6 cucchiai di olio d'oliva, diviso
- 1 cipolla gialla piccola, tagliata a dadini
- 4 tazze di spinaci tritati surgelati
- 4 spicchi d'aglio, tritati
- ½ cucchiaino di sale
- ½ cucchiaino di pepe nero appena macinato
- 4 uova grandi, sbattute
- 1 tazza di ricotta
- ¾ tazza di formaggio feta, sbriciolato
- ¼ di tazza di pinoli

Indicazioni:

Ungere la teglia con 2 cucchiai di olio d'oliva. Organizzare il forno a 375 gradi F. Scaldare 2 cucchiai di olio d'oliva in una padella antiaderente a fuoco medio-alto. Mescolare la cipolla nella padella e rosolare per 6 minuti o finché non diventa trasparente e tenera.

Aggiungere gli spinaci, l'aglio, il sale e il pepe nero nella padella e rosolare per altri 5 minuti. Mettili in una ciotola e mettili da parte.

Unisci le uova sbattute e la ricotta in una ciotola a parte, quindi versale nella ciotola del composto di spinaci. Mescola per amalgamare bene.

Versare il composto nella teglia e inclinare la pirofila in modo che il composto ricopra il fondo in modo uniforme. Cuocere finché non inizia a solidificare. Sfornare la pirofila e spalmare sopra la feta e i pinoli, quindi irrorare con i 2 cucchiai rimanenti di olio d'oliva.

Rimettere la teglia nel forno e cuocere per altri 15 minuti o fino a quando la parte superiore non sarà dorata. Togli la pirofila dal forno. Lasciate raffreddare la spanakopita per qualche minuto e affettatela per servire.

Nutrizione (per 100 g): 340 calorie 27,3 g di grassi 10,1 g di carboidrati 18,2 g di proteine 781 mg di sodio

Ratatouille

Tempo di preparazione: 15 minuti

Tempo di cottura: 7 ore

Porzioni: 6

Livello di difficoltà: medio

Ingredienti:

- 3 cucchiai di olio extravergine d'oliva
- 1 melanzana grande, non pelata, a fette
- 2 cipolle grandi, affettate
- 4 zucchine piccole, affettate
- 2 peperoni verdi
- 6 pomodori grandi, tagliati a spicchi da ½ pollice
- 2 cucchiai di prezzemolo fresco a foglia piatta, tritato
- 1 cucchiaino di basilico essiccato
- 2 spicchi d'aglio, tritati
- 2 cucchiaini di sale marino
- ¼ di cucchiaino di pepe nero appena macinato

Direzione:

Riempi l'inserto della pentola a cottura lenta con 2 cucchiai di olio d'oliva. Disporre alternativamente le fette di verdure, le strisce e gli spicchi nell'inserto della pentola a cottura lenta. Distribuire il prezzemolo sulle verdure e condire con basilico, aglio, sale e pepe nero. Condire con il restante olio d'oliva. Chiudere e cuocere a BASSO per 7 ore finché le verdure non saranno tenere. Trasferite le verdure su un piatto e servite tiepide.

Nutrizione (per 100 g): 265 calorie 1,7 g di grassi 13,7 g di carboidrati 8,3 g di proteine 800 mg di sodio

Gemista

Tempo di preparazione: 15 minuti

Tempo di cottura: 4 ore

Porzioni: 4

Livello di difficoltà: medio

Ingredienti:

- 2 cucchiai di olio extravergine d'oliva
- 4 peperoni grandi, di qualsiasi colore
- ½ tazza di cuscus crudo
- 1 cucchiaino di origano
- 1 spicchio d'aglio, tritato
- 1 tazza di formaggio feta sbriciolato
- 1 lattina (15 once / 425 g) di fagioli cannellini, sciacquati e scolati
- Sale e pepe a piacere
- 1 spicchio di limone
- 4 cipolle verdi, parti bianche e verdi separate, affettate sottilmente

Direzione:

Taglia una fetta di ½ pollice sotto il gambo dalla parte superiore del peperone. Scartare solo il gambo e tritare la parte superiore affettata sotto il gambo e mettere da parte in una ciotola. Svuotare il peperone con un cucchiaio. Ungere la pentola a cottura lenta con olio.

Incorporare gli ingredienti rimanenti, ad eccezione delle parti verdi della cipolla verde e degli spicchi di limone, nella ciotola del peperone tritato. Mescola per amalgamare bene. Versare il composto nel peperone svuotato e disporre i peperoni ripieni nella pentola a cottura lenta, quindi irrorare con altro olio d'oliva.

Chiudere il coperchio della pentola a cottura lenta e cuocere su HIGH per 4 ore o fino a quando i peperoni sono morbidi.

Rimuovere i peperoni dalla pentola a cottura lenta e servire su un piatto. Cospargere con le parti verdi delle cipolle verdi e spremere gli spicchi di limone sopra prima di servire.

Nutrizione (per 100 g): 246 calorie 9 g di grassi 6,5 g di carboidrati 11,1 g di proteine 698 mg di sodio

Involtini Di Cavolo Ripieni

Tempo di preparazione: 15 minuti

Tempo di cottura: 2 ore

Porzioni: 4

Livello di difficoltà: difficile

Ingredienti:

- 4 cucchiai di olio d'oliva, diviso
- 1 cavolo cappuccio verde grande, privato del torsolo
- 1 cipolla gialla grande, tritata
- 85 g di formaggio feta, sbriciolato
- ½ tazza di ribes essiccato
- 3 tazze di orzo perlato cotto
- 2 cucchiai di prezzemolo fresco a foglia piatta, tritato
- 2 cucchiai di pinoli, tostati
- ½ cucchiaino di sale marino
- ½ cucchiaino di pepe nero
- 425 g di pomodori schiacciati, con il succo
- 1 cucchiaio di aceto di mele
- ½ tazza di succo di mela

Indicazioni:

Spazzolare l'inserto della pentola a cottura lenta con 2 cucchiai di olio d'oliva. Sbollentare il cavolo cappuccio in una pentola d'acqua per 8 minuti. Prendilo dall'acqua e mettilo da parte, quindi separa 16 foglie dal cavolo. Mettere da parte.

Versare il restante olio d'oliva in una padella antiaderente e scaldare a fuoco medio. Mescolare la cipolla nella padella e cuocere fino a quando la cipolla e il peperone sono teneri. Trasferisci la cipolla in una ciotola.

Aggiungere la feta, il ribes, l'orzo, il prezzemolo ei pinoli nella ciotola della cipolla cotta, quindi spolverare con ¼ di cucchiaino di sale e ¼ di cucchiaino di pepe nero.

Disporre le foglie di cavolo cappuccio su un piano di lavoro pulito. Versare 1/3 di tazza della miscela al centro di ogni piatto, quindi piegare il bordo sulla miscela e arrotolarla. Metti gli involtini di cavolo nella pentola a cottura lenta, con la cucitura rivolta verso il basso.

Incorporare gli ingredienti rimanenti in una ciotola separata, quindi versare il composto sugli involtini di cavolo. Chiudere il coperchio della pentola a cottura lenta e cuocere a ALTO per 2 ore. Rimuovere gli involtini di cavolo dalla pentola a cottura lenta e servire caldi.

Nutrizione (per 100 g): 383 calorie 14,7 g di grassi 12,9 g di carboidrati 10,7 g di proteine 838 mg di sodio

CPSIA information can be obtained
at www.ICGtesting.com
Printed in the USA
BVHW041121200521
607796BV00014B/2656